AF295775

NOTE A CONSULTER

Pour

M. EUGÈNE PÉCHOIN

Contre

1° **M. DELACROIX** *ès-nom*, Liquidateur d'office de la Société de fait ayant existé entre MM. LEGRAND PÉCHOIN et ASSELIN, sous la raison sociale **LEGRAND** et **Cie** ;

2° **M. LEGRAND**, *ex-gérant* de la Société **LEGRAND** et **Cie** ;

3° **M. ASSELIN** Fils.

Vivement sollicité par M. Legrand et M. Asselin, avec lesquels il était déjà en communauté d'intérêts dans d'autres affaires, de former avec eux une Société en nom collectif pour continuer, sous la raison sociale *Legrand et Cie*, sa fabrication du savon dit *Savon des Syrènes*, M. Eugène Péchoin signa, le 19 mars 1862, avec MM. Legrand et Asselin, un acte sous seing privé, enregistré, fait triple entre les parties, ainsi conçu :

« Entre les soussignés, M. Louis-Ernest Legrand, propriétaire, demeurant à
« Paris, rue Neuve-Bossuet, n° 22, d'une part ;
« M. Eugène Asselin, ingénieur civil, demeurant à Paris, rue de Trévise,
« n° 22, d'autre part,
« Et M. Jean-Baptiste-Eugène Péchoin, encore d'autre part ;
« A été convenu ce qui suit :

1

Article premier.

« Il y aura une Société en nom collectif entre les susnommés pour la fabri-
« cation et la vente d'un savon d'oléïne dit *Savon des Syrènes*.

Article 2.

« Cette Société est contractée pour six années consécutives, qui commence-
« ront le 1er avril prochain ; elle existera sous la raison sociale *Legrand et Cie*.

Article 3.

Le siége de la Société sera à Saint-Denis, rue des Poissonniers, n° 3, dans le
« local où s'exploitera l'industrie.

Article 4.

« MM. Péchoin et Asselin apportent à la Société leur industrie.

« *M. Legrand s'engage à fournir à la Société, au fur et à mesure de ses*
« *besoins, une somme de quarante mille francs dont la jouissance seule est mise*
« *en société*, le capital restant la propriété de M. Legrand et devant être porté
« au crédit de son compte.

« *Toutefois, il versera d'abord une somme de vingt mille francs*, et ne sera
« tenu de l'augmenter qu'après la vente de la moitié au moins des produits fa-
« briqués au moyen des premiers vingt mille francs.

« S'il convient à M. Legrand de dépasser ladite somme de quarante mille
« francs, les sommes qu'il verserait en dehors seront portées à son compte
« courant et produiront à son profit des intérêts à six pour cent par an ; mais
« dans ce cas, il sera libre de stipuler avec ses associés l'époque de rembour-
« sement desdites sommes.

Article 5.

« Les bénéfices seront partagés par tiers entre les associés, et les pertes, s'il
« y en a, seront supportées dans la même proportion.

Article 6.

« *M. Legrand,* sera seul *gérant de la Société ;* — il aura seul la signature so-
« ciale, mais il ne pourra s'en servir que pour les besoins de la Société. — Il
« tiendra la caisse et les livres, *soit par lui-même, soit par un préposé* de
« son choix, aux frais de la Société ; — il fera tous achats ou location de ma-
« tériel ; — il fera, d'accord avec ses associés, tous achats de marchandises,
« — fera opérer tous encaissements ou recouvrements, — acquittera les fac-
« tures, — consentira tous escomptes ou remises ; — signera tous baux rela-
« tifs aux lieux où s'exploitera l'industrie ; — *en un mot, il fera tous actes*
« *quelconques qui rentrent dans la gérance d'une opération commerciale.*

— 3 —

« M. Asselin sera plus particulièrement chargé de la fabrication.

« M. Péchoin sera plus spécialement chargé de procurer des commandes, et
« d'effectuer les ventes aux prix fixées par les associés.

Article 7.

« *MM. Péchoin et Asselin* devront, autant que cela sera nécessaire, donner
« leur temps à la Société, et ils *auront droit sur les ventes encaissées avec bé-*
« *néfice à un prélèvement de un et demi pour cent pour les ventes en gros, et*
« *de trois pour cent pour les ventes en détail,* lequel prélèvement appartiendra
« pour *trois cinquièmes à M. Péchoin* et *deux cinquièmes* à M. Asselin.

« Il sera alloué *à M. Legrand comme* INDEMNITÉ DES SOINS DE SA GÉRANCE une
« somme *de deux mille francs* qui sera portée en compte des frais géné-
« raux (1).

Article 8.

« Il sera fait deux inventaires par année, à la fin des mois de septembre et
« mars. Si l'inventaire, à la fin de la première année, ne révèle pas un chiffre
« de bénéfice net de six mille francs, chacun des associés aura le droit de de-
« mander la dissolution immédiate de la Société et sa liquidation.

« Si un inventaire quelconque révélait une perte absorbant les bénéfices an-
« térieurs laissés au fond social, comme il sera dit ci-après, le même droit
« appartiendrait à chacun des associés.

« Si les inventaires constatent des bénéfices, ils seront répartis entre les as-
« sociés lors de chaque inventaire, c'est-à-dire tous les six mois seulement,
« jusqu'à la concurrence des trois quarts; *le dernier quart devra s'ajouter au*
« *fonds social,* il sera porté au compte de chaque associé, mais ne produira
« pas d'intérêt.

Article 9.

« La Société sera dissoute de plein droit par le décès de l'un des associés, et
« les survivants auront le droit de conserver l'établissement, en remboursant,
« aux héritiers de l'associé décédé, ce qui serait dû à ce dernier au jour de son
« décès, soit à titre d'avances, prélèvements, bénéfices ou autrement, et, en
« outre, une somme équivalente à ses bénéfices de l'année précédente.

Article 9 *bis*.

« A l'expiration du délai fixé pour la durée de la Société, et dans le cas où

---

(1) « Ainsi que le prélèvement de MM. Péchoin et Asselin.

« P. B.   E. A. ....   EU. LEGR. »

« les associés ne s'accorderaient pas pour continuer l'association au-delà de ce
« délai, les associés s'entendront à l'amiable pour la liquidation et le partage
« de la Société ou la vente du fonds social.

Article 10.

« Dans le cas de dissolution de la Société, par suite du décès de l'un des as-
« sociés, les héritiers ou représentants du décédé ne pourront pas requérir
« l'apposition des scellés, mais seulement qu'il soit immédiatement procédé à
« un inventaire.

Article 11.

« Aucun associé ne pourra céder ou transporter en tout ou en partie ses
« droits dans la présente Société sans le consentement de ses co-associés.

Article 12.

« Toutes difficultés ou contestations qui pourront survenir relativement à
« l'exécution des présentes, soit entre les associés, soit entre eux et les héri-
« tiers ou représentants d'un associé décédé, seront soumises à la décision
« d'arbitres, conformément aux articles 51 et suivants du Code de commerce.

Article 13.

« Un extrait des présentes sera déposé au greffe du Tribunal de commerce
« de la Seine, et toutes les publications seront faites conformément à la loi ; à
« cet effet, tout pouvoir est donné au porteur d'un extrait ou expédition des
« présentes.

« Fait triple entre les soussignés, à Paris, le dix-neuf mars mil huit cent
« soixante-deux.

« *Signé :* E. Asselin,   Péchoin Baradez,   Eu. Legrand. »

Le jour même de la signature de l'acte ci-dessus, M. Legrand,
agissant en sa qualité de gérant, acheta de M. Péchoin *le matériel*
de l'ancienne savonnerie des Syrènes, dont celui-ci apportait à la
Société la marque (Savon des Syrènes), les procédés spéciaux et
la clientèle.

Cette vente était faite moyennant 5,000 fr., dont 1,500 fr. furent
payés comptant, à valoir, mais sous réserve expresse :

1° Que *cette vente serait résiliée* de plein droit entre les parties
dans le cas où la Société Legrand et Cie viendrait à se DISSOUDRE *au*
1er *avril* 1863 ;

2° Que, dans cette hypothèse, M. Péchoin reprendrait son matériel en remboursant les 1,500 fr. par lui reçus à compte, mais sans
intérêts.

Dans le cas contraire, M. Péchoin avait droit au supplément du
prix de la vente, soit à 3,500 fr. le 1*er* *avril* 1863, mais cette somme
ne devait pas produire d'intérêts *jusqu'à cette époque.*

Dans tous les cas, M. Legrand, ès-nom, s'obligeait à payer à M. Péchoin pour indemnité de jouissance dudit matériel pendant l'année
devant expirer le 1*er* avril 1863, une somme de 425 *fr.*, *exigible* ledit jour 1*er* *avril* 1863.

Le matériel se composait :

De tous les séchoirs existants.
2 grands rabots.
4 poches à couler.
1 bain-marie.
Verrières et petit bureau.
1 fourneau-poêle.
1 presse (Syrène).
1 bureau.
2 chaudières montées.
1 petite chaudière en fonte.
8 capsules en fonte.
2 tables.
2 bascules et leurs poids.
1 balance en cuivre.
1 mortier et pilon.
4 petites formes.
8 seaux en tôle.
1 poêle et outils de l'atelier.
1 diable.
1 chaudière en tôle.
1 chaudière en fonte.
23 formes.
1 bâche en tôle.

Planchettes.
3 charriots à moules.
2 poulains.
3 échelles.
2 brouettes.
1 meule.
1 établi.
2 caisses.
1 pompe à huile.
1 poche en cuivre.
1 chaudière en fonte.
1 chaudière à vapeur (de 1,000 kilos
et son agitateur).
1 chaudière à vapeur (de 500 kilos).
1 chaudière ordinaire (500 kilos).
1 chaudière ordinaire (1,000 kilos).
3 chaudières ordinaires (300 kilos
chaque).
1 réservoir en tôle.
2 tables.
(Bureaux, grilles et portières pour
les chaudières.)

Malgré les dépenses qu'entraîna l'installation de la fabrique, les réparations locatives d'appropriation, les acquisitions du matériel nécessaire à l'exploitation et des matières premières à convertir en savon, et bien que, s'il faut croire M. Legrand, le premier encaisse fait par lui, pour compte de la Société, ne date que *du 30 juillet* 1862, M. Legrand, après avoir prélevé 1,000 fr. d'appointements, annonçait déjà le 10 octobre 1862, dans son premier inventaire semestriel, un bénéfice qui fut, sur sa proposition, et conformément aux clauses du contrat social, partagé immédiatement entre lui et ses associés jusqu'à concurrence des trois quarts, un quart devant rester en caisse.

D'après cet inventaire, les dépenses totales s'élevaient cependant audit jour à 39,347 fr.!

Mais quand M. Péchoin, dépouillé, en faveur de la Société Legrand et Cie, d'une grande partie de son matériel de savonnier, eut mis le gérant en relations avec son ancienne clientèle; quand M. Péchoin eut mis *l'ingénieur civil*, M. Eugène Asselin, spécialement chargé de la fabrication, au courant de ses procédés spéciaux pour la fabrication du savon des Syrènes; les tiraillements commencèrent entre ses deux associés, s'unissant d'intérêt comme ils étaient déjà unis par la parenté, d'une part, et lui, M. Péchoin, de l'autre.

C'est ainsi que, suivant exploit du 17 mars 1862, à la requête de M. Legrand, comme gérant de la Société, il fut dit et déclaré à M. Péchoin que ledit sieur Legrand « entendait, avant la fin de « mars 1863, procéder à l'inventaire qui devait avoir lieu à cette « époque, *et que, si l'inventaire dont s'agit ne produisait pas un bé-* « *néfice net de 6,000 fr., le sieur Legrand provoquerait la dissolution* « *et la liquidation immédiate de la Société Legrand et Cie.* »

Par cet exploit, M. Legrand déclarait à M. Péchoin que cette signification était faite « *pour qu'il se tînt pour dûment et bien averti,* « *et eût à prendre telle mesure qu'il jugerait convenable, sous toutes* « *réserves.* »

En suite de cet exploit, et le 2 avril 1863, à la requête cette fois de *MM. Legrand et Asselin, son neveu* (que nous verrons, du reste, agir désormais conjointement contre M. Péchoin, et ne sembler s'être associés avec lui que pour en obtenir sa clientèle et ses procédés avec l'arrière-pensée de se débarrasser de lui, non-seulement sans bourse délier, mais en lui réclamant une indemnité pécuniaire), à leur dite requête, disons-nous, il fut dressé un constat par huissier des matières premières et marchandises se trouvant à Saint-Denis, au siége social.

Ce procès-verbal, fait hors la présence de M. Péchoin, ne renseigne pas la valeur des matières premières et marchandises qui y sont comprises ; bien plus, le matériel et l'achalandage n'y figurent même pas pour mémoire !

Le constat, était dès lors, susceptible de contestation et ne pouvait en aucun cas remplacer l'inventaire général de l'actif et du passif de ladite Société, ainsi que le reconnaît M. le liquidateur.

M. Asselin, cependant, pas plus que M. Legrand, ne mit à exécution la menace de l'exploit du 19 mars 1863, « que si l'in-« ventaire *ne produisait pas un bénéfice net de* 6,000 *fr.*, le sieur « Legrand provoquerait la dissolution *et la liquidation immédiate de* « *la Société.* »

M. Péchoin crut devoir, quant à lui, laisser les choses en l'état.

Il était de l'intérêt de M. Péchoin, *tiers vendeur* d'un matériel important, de ne rien faire qui pût amener une dissolution dont l'avénement eût de plein droit résilié la vente suspensive qu'il avait faite de ce matériel.

Les choses en restèrent donc là jusqu'au 30 octobre 1863.

Aux termes de l'acte de société, M. Legrand avait à produire à cette époqué un inventaire complet, et rien ne pouvait empêcher M. Péchoin d'exiger que cette fois il fût *sérieux.* Aussi MM. Legrand et Asselin, qui semblent, dans cette affaire, agir bien plus dans l'intérêt de leur famille que dans l'intérêt de la Société dont M. Péchoin, un étranger, faisait partie, ne crurent pouvoir imaginer rien de mieux que de demander, conjointement et par le même exploit, la dissolution de la Société pour cause d'*inobservation des formalités légales.*

Or, cette inobservation était bien plus de leur fait que de celui de M. Péchoin, puisque l'art. 13 de la convention sociale porte « qu'*un* « *extrait de la convention sera déposé au greffe du Tribunal de com-* « *merce*, et que toutes les publications seront faites conformément à « la loi » ; et qu'aux termes de l'art. 6, M. Legrand était chargé, « comme SEUL *gérant* de la Société, *de faire tous actes* qui rentrent « dans la gérance d'une opération commerciale. »

Bien qu'il pût se demander si l'exécution volontaire que les parties avaient donnée au contrat, pendant déjà dix-huit mois, n'avait pas eu pour effet de couvrir l'irrégularité dont il est entaché aux yeux de la loi, M. Péchoin ne crut pas devoir tenter, sur ce point, de faire triompher l'opinion de M. Pardessus, de MM. Malepeyre et Jourdain, de M. Persil, qui enseignent que « l'un des associés ne peut plus invoquer la nullité résultant de l'inobservation des formalités légales, s'il a non pas seulement *toléré* l'exécution de l'acte social, mais au contraire *reconnu* l'existence de la société *par des actes formels et approbatifs* » ; opinion, du reste, appuyée de nombreuses décisions judiciaires. *La chambre des requêtes, 15 juillet 1825*, a jugé en effet, dans ce sens, « qu'il ne faut pas confondre la « simple exécution d'un acte, contre lequel une des parties n'aurait « pas réclamé, avec l'exécution du même acte accompagné de recon- « naissance et déclaration judiciaire.

. . . . « Que demander la continuation d'une Société, c'est « reconnaître qu'elle a existé, et que *demander sa dissolution*, c'est re- « connaître qu'elle ne pouvait cesser d'exister que de cette manière, « et renoncer à faire annuler l'acte par des moyens de nullité. »

La Cour de Bruxelles, 16 janvier 1830, la Cour de Bordeaux, 16 décembre 1829, ont jugé également que « les parties *peuvent couvrir la nullité* dont il s'agit, ou en renonçant à s'en prévaloir, ou *en exécutant l'acte social.* »

La Cour d'Aix, 9 juillet 1828, a jugé que « *l'exécution d'un acte de Société non publié* rend les associés non recevables à opposer la nullité résultant du défaut de publication. »

La Cour de Metz, 11 décembre 1818, a jugé que « l'associé qui, *par des motifs d'intérêt personnel,* néglige de remplir, *quoiqu'il en soit chargé,* les formalités prescrites par l'article 42 du Code de commerce, ne peut, *après avoir pendant quelque temps exécuté le contrat,* se prévaloir de l'omission des formalités pour demander la nullité du traité de société. »

Mais comme de nombreuses décisions judiciaires ont, au contraire, jugé « que ce n'est pas dans l'intérêt particulier des associés, mais bien dans un intérêt général, dans un intérêt d'ordre public, que la loi a exigé la publication des sociétés en nom collectif; que dès lors la nullité prononcée par l'article 42 l'a été à titre de peine; qu'elle est absolue, d'ordre public, que nulle ratification expresse ou tacite ne peut la couvrir,» M. Péchoin s'en remit à la sagesse du Tribunal. D'ailleurs, à quoi bon résister à une demande en séparation d'intérêts, en dissolution de société d'avec des hommes comme MM. Legrand et Asselin? Est-ce que l'article 8 de la convention ne leur ouvrait pas un moyen facile d'en arriver à leurs fins, puisqu'il porte cette clause imprudente, dont son excès de confiance en ses associés n'a pas permis à M. Péchoin de se défier, « que si un inventaire quelconque révélait une perte absorbant *les bénéfices antérieurs laissés au fonds social,* chacun des associés aurait le droit de demander la dissolution de la Société? »

Or, pour en arriver là, que fallait-il à M. Legrand? Faire quelques opérations d'achat à un prix exagéré, revendre à perte ces mêmes achats, omettre de créditer et débiter quelques clients, renseigner, sur les livres, *marchandises retournées,* quelques marchandises acceptées et payées! Rien pour lui de plus facile, *les bénéfices antérieurs au* 10 *octobre* 1062 *laissés au fonds social* étaient si faciles à perdre! le quart de 416 fr.!

M. Péchoin aurait-il pu être taxé d'avoir eu l'esprit soupçonneux s'il avait dès lors pensé que l'on pouvait faire exprès ce qui fut fait par *pure inadvertance*, dit-on ?

La résistance de M. Péchoin à l'homologation du rapport de liquidation est-elle donc fondée sur d'autres motifs ; — Qu'opérations d'achat à un prix exagéré ? — Revente à perte de ces mêmes achats ? — Omission au crédit et au débit de nombreuses factures ? — Renseignements sur les livres indiquant retournées des marchandises payées ? — Absence de comptabilité régulière ?

Non ! et M. le liquidateur n'a pu s'empêcher de constater que ces griefs sont fondés, tout en passant outre !

Et en effet, quel soin M. le liquidateur n'a-t-il pas eu de restreindre autant que possible l'accomplissement de sa mission à l'observation des règles de l'arithmétique et de la stricte tenue des livres !

Tout en regrettant que M. Delacroix ait procédé à sa liquidation, comme si tout, dans la gestion de M. Legrand s'était régulièrement passé, M. Péchoin est loin de vouloir en prendre texte pour récriminer contre lui ; mais il croit pouvoir espérer que le Tribunal passera outre des conclusions de son rapport, comme M. le liquidateur a passé outre des griefs que fournit la gestion de M. Legrand.

Non, le Tribunal ne tiendra aucun compte des chiffres laborieusement alignés par M. le liquidateur, il ira au fond des choses, et fera à M. Legrand l'application des principes qui sont la sauvegarde de l'honnêteté qui doit présider aux relations commerciales, des principes dont la violation mettrait toute société gérée par un seul associé à la discrétion de celui-ci.

La mission d'un liquidateur nommé par un tribunal, ne saurait se réduire à donner à des livres irréguliers une forme régulière, mais il doit, avant de procéder à un apurement de comptes, poursuivre dans l'intérêt de la masse, contre un gérant *salarié*, les fautes lourdes commises dans sa gestion, fautes de nature à entraîner contre lui une condamnation en dommages-intérêts bien plus équitable que ne le serait le remboursement des avances qu'il pourrait prétendre avoir faites pour la Société, et qu'il n'établirait que par des livres *très-*

irréguliers, pour nous servir de l'expression bienveillamment adoucie, dont M. le liquidateur lui-même s'est servi pour les caractériser.

Le premier devoir d'un liquidateur est de recevoir les comptes du gérant.

Or voici en quels termes M. le liquidateur expose, dans son rapport en date du 14 août 1864, le résultat de ce préliminaire de son mandat :

« Lorsque nous avons pris possession de la liquidation , nous
« n'avons trouvé :

    « Ni JOURNAL,

    « Ni GRAND LIVRE;

« Mais *seulement* un livre de caisse *fort irrégulier*,

« Un Copie de lettre,

« Un registre de sortie de marchandises,

« Et un *petit* livre *de M. Asselin fils*.

« Avec ces pièces, il nous était IMPOSSIBLE — *d'établir une situa-
« tion convenable; — de connaître les débiteurs et les créditeurs; —*
« PAR CONSÉQUENT *les bénéfices et les pertes de la Société.* »

Ainsi, PAS DE LIVRES.

Quant à l'état de la caisse, on peut s'en faire une idée par cette première mention du chapitre 27 du rapport du liquidateur, intitulé : *Compte du liquidateur.* RECETTE. « 21 *décembre* 1863. *Reçu*
« *de M. Legrand, à titre de provision,* 300 *francs !* »

Il n'y avait pas dans la caisse sociale de quoi faire cette minime avance !

Et cependant le liquidateur a cru pouvoir passer outre !

Qu'importe que la loi exige des livres !

Qu'importe que l'article 6 de l'acte de Société ait imposé au gérant, M. Legrand, le soin, largement retribué du reste par ses associés, de se conformer à la loi !

Mais *il y a eu des livres ;* seulement *on refuse de les produire.*

L'inventaire du 10 octobre 1862 ne concorde pas avec le prétendu livre de caisse.

Où est le livre-journal à l'aide duquel cet inventaire fut fait?

Le prétendu livre de caisse n'est *ni coté, ni paraphé*; il a l'aspect d'*un extrait fait à la hâte*, tellement à la hâte, que l'*ordre des mois n'y est pas même observé :* le copiste, dans sa précipitation, a mis *juin* avant *mai!*

Qu'importe au liquidateur! il ne s'embarrasse pas de si peu!

N'a-t-il pas suffisamment satisfait aux exigences de M. Péchoin? Il a qualifié le livre : « TRÈS-IRRÉGULIER ».

Mais un livre de caisse irrégulier n'est plus un livre?

Qu'importe au liquidateur!

Mais alors pourquoi dire : « *Avec ces pièces, il nous était* IMPOSSIBLE « *d'établir une situation, de connaître les débiteurs et créditeurs, par* « *conséquent les bénéfices et les pertes de la Société ?* »

Pourquoi? Serait-ce pour faire mieux ressortir son habileté? Pour légitimer les 3,000 fr. d'honoraires qu'il demande aujourd'hui ?

3,000 francs d'honoraires! — Pourquoi? « — *Nous avons été* « *obligé d'établir une comptabilité nouvelle en nous servant de tous les* « *documents en notre possession.* » Obligé! par qui ?

Liquidateur, M. le liquidateur s'est dit JE DOIS *liquider* quand même et M. le liquidateur a tranché de son autorité privée cette question importante.

L'associé gérant d'une Société chargé « de la tenue de « la caisse et des livres, soit par lui-même, soit par un « préposé de son choix aux frais de la Société, auquel il « est alloué, comme indemnité des soins de sa gérance, « une somme de 2,000 fr., » qui n'a pas tenu de livres réguliers ou se refuse à produire les livres qu'il a tenus, peut-il, à la dissolution de la Société, bénéficier de son impéritie ou de son mauvais vouloir, et prétendre que ses associés sont tenus de lui rembourser la somme proportionnelle à leur part sociale dont les livres très-irréguliers produits par lui, le font ressortir créancier ? surtout lorsqu'il ressort de la comparaison de ses livres de fantaisie avec les factures acquittées d'un certain nombre de

cliens de la Société, auquel le liquidateur s'est adressé sur l'insistance d'un co-associé, que :

1° Des différences en moins ont été portées à la caisse sur certaines factures ;

2° Que des soldes de factures payées n'ont pas été portés sur les livres ;

3° Que des marchandises notées, retournées, ont été au contraire acceptées et payées :

4° Que des espèces ont été reçues et sont cependant renseignées faillite ;

5° Que des espèces ont été reçues et ne figurent ni au débit, ni au crédit du client.

La question vaut une solution. — Qu'importe !

Au chapitre XVII de son rapport intitulé : *Créances non renseignées,* M. le liquidateur s'exprime ainsi :

« Par suite de la *demande* qui nous a été *adressée par M. Péchoin,* nous « avons écrit aux divers correspondants de la Société pour obtenir le relevé « des affaires qu'ils avaient faites avec elle.

« Les réponses que nous avons reçues nous ont fait connaître plusieurs « sommes payées et non renseignées sur les livres de la Société, savoir :

1° Par MM. *Legras* et *Viart,* à Paris, faubourg Saint-Honoré, n° 255	314 f. 50 c.
« 2° Par M. *Daix,* à La Chapelle-Saint-Denis	166 25
« 3° Par M. *Jourdain* fils et Thouroude, d'Arbée	7 90
« 4° Par M. *Poiterin,* à Louviers.	543 75
« 5° Par M. *Dumesnil,* à Paris	193 80
Ensemble.	1,225 f. 20 c.

« Dont nous avons débité le compte de M. Legrand.

« Et par M. Dupuis, 81, avenue des Ternes	66 25

« Dont nous avons débité le compte de M. Asselin fils.

« Nous porterons dans le chapitre suivant des sommes mon-« tant à 1,520 francs, et non renseignées dans le compte de

« M. Lemelle.	1,520 »
Total.	2,811 f. 45 c.

Sans doute ce sont là renseignements précieux, permettant de redresser *quelque peu* les comptes ressortant des livres « *très-irré-guliers,* » mais est-ce assez pour dire que l'on a établi une comptabilité nouvelle ?

Du texte de M. le liquidateur, « des réponses que nous avons « reçues nous ont fait connaître *plusieurs* sommes *payées et non ren-* « *seignées* sur les livres de la Société, savoir..... », on pourrait induire que le montant des sommes *payées et non renseignées* ne s'élèvent qu'à 2,811 fr. 25 c. seulement.

Il n'en est rien à beaucoup près.

M. le liquidateur, pour suivre sans doute une certaine filiation d'idées qui échappe à notre inexpérience de la stratégie de la comptabilité, peut être aussi que, simple comptable, il a cru que sa mission de comptable était remplie, quand il avait porté au débit de M. Legrand ou de MM. Asselin père ou fils des sommes à eux payées et non renseignées par eux ; M. le liquidateur a cru que M. Péchoin n'avait rien à demander de plus, et qu'il ne pouvait entrer dans l'esprit de personne de prendre acte de ces *erreurs* graves pour dire aux juges : « Des livres *très-irréguliers*, au point que des sommes payées ne sont pas renseignées, peuvent-ils être *réputés régularisés* parce que toute omission révélée par des tiers a été réparée sur le grand livre fait à l'aide de ces livres *très-irréguliers?* »

N'est-il pas à craindre, qu'il n'y ait d'autres *oublis* ayant échappé au zèle du liquidateur, et dont va bénéficier, aux dépens de ses associés, le gérant salarié qui en est l'auteur, de telle sorte que ses associés paieront les deux tiers de la valeur du produit fabriqué et des intérêts, et qu'il touchera, lui, l'intégralité du prix de vente et les intérêts jusqu'à la liquidation ? — N'est-il pas à craindre également que dans cet *alea* le gérant en faute ne coure jamais que le risque de *gagner un peu moins*, et ceux dont il a abusé de la confiance ne courent que celui de voir atténuer quelque peu le préjudice né de son incurie, sinon de son dol et de sa fraude ? M. le liquidateur ne pensait-il donc pas que le juge pouvait accueillir un doute ainsi motivé, et décider comme la Cour, dont l'arrêt, rendu dans un cas identique, a motivé cet arrêt de la Cour de Cassation du 17 février 1830 qui, toujours cité avec succès en pareille matière, pose en principe que, « à la dissolution d'une société, si les associés gérants ne justifient pas de leur mise sociale, et même refusent de produire les livres de la société, il a pu être ordonné que leur co-associé non gérant dont la mise est constatée, sera remboursé de cette mise sur les fonds dus à la société par un débiteur, à l'exclusion des autres associés. On dirait en vain que c'est là établir un privilége en contravention à l'article 2093 du Code Napoléon ? »

« Attendu, dit l'arrêt, que si les administrateurs de la société
« en ont éprouvé quelque préjudice, ils ne peuvent l'imputer qu'au
« désordre de leur administration   »

D'autre part, M. le liquidateur n'a pu dissimuler que les sommes qu'il qualifie payées et non renseignées *ne figurent pas toutes au chapitre 17 de son rapport*.

Nous lisons, en effet, au *chapitre vingtième*, intitulé : RÉALISATION DE L'ACTIF, 2ᵉ *section* :

Créances soldées par le crédit de M. Legrand.

« Nous avons soldé par le débit de M Legrand les créanciers ci -
« après..... »

Et nous trouvons là, y compris ceux cités au chapitre 17, *quinze* clients *ayant payé, mais non renseignés*, pour 4,135 fr. 35 c.!

A la 3ᵉ *section*, nous trouvons (sous le titre : *Créances soldées par le débit de M. Asselin*) *cinq oublis de versement* pour 137 fr. 60 c.! M. Asselin fils n'ayant rien de commun avec les recettes, ces 137 fr. 60 cent. représentent la différence des sommes portées par lui comme payées avec celles réellement payées.

Ainsi, d'après l'inventaire que M. Legrand présentait, en suite du jugement ordonnant la liquidation comme résultant de sa comptabilité, il n'y aurait eu d'encaissé pour la Société que 23,290 fr.

50 cent. seulement, et le liquidateur est obligé de déclarer que Legrand a reçu au moins **4,135** fr. **35** cent. de plus qu'il ne déclare!

Sur un encaisse de 23,290 fr. 50 cent., **4,135** fr. **35** cent. ne figurent pas sur les livres du gérant! bien que provenant : de *M. Sauvage*, espèces encaissées pour solde d'une facture du 6 février 1863, *dont on l'avait laissé débiteur!* . . . . . 102 f. » c.

De *M. Delaroy*, au Pin, espèces reçues, pour solde d'une facture du 31 juillet 1862, *dont on ne l'avait pas crédité!*. 38 70

De *M. Dumont Tillion*, pour espèces reçues, pour solde d'une facture du 20 janvier 1863, *dont on l'avait laissé débiteur!* 313 50

De *M. Daix*, espèces reçues pour solde d'une facture du 19 mars 1863 qui avait été *notée comme refusée.!!*. 166 25

De *MM. Legros et Wiart*, espèces reçues de ces messieurs pour solde de la facture du 2 février 1863, *notée comme refusée!!*. 313 50

De *M. Postel*, espèces encaissées, pour solde d'une facture du 21 novembre 1862, et *dont il n'a pas été tenu compte à la caisse de la Société!* 172 90

De *M. Modeste Sanson,* pour marchandises par lui refusées et *dont le retour n'est pas justifié* (valeur de l'échéance de la traite par lui protestée). 267 85

D'espèces reçues de *M. Poitevin* et *non renseignées aux livres* :

      1° Valeurs au 10 mai. 361 60
      2°   *idem* 15 juillet. 182 15

De *MM. Jourdain fils et Touroude, différence en moins portée à la caisse* sur la facture du 29 janvier 1863! 7 90

____

A reporter. 1,926 f. 35 c.

		Report.	1926	35

De *M. Férol,* pour solde de la facture du 3 février 1863 qu'il a *payée* et *dont il n'est pas crédité !* . .   267   85

De *M. Rogier,* pour espèces encaissées pour solde de la facture du 8 juin 1863, *dont on ne l'avait pas crédité!*   166   25

De *M. Dumesnil,* 6 caisses de savon du 20 octobre 1862 qu'il a payées et *dont on ne l'avait pas crédité !*   193   80

De *M. Guffroy,* pour solde de la facture d'une caisse de savon du 17 septembre 1862, *portée d'abord au compte des faillites,* puis déclarée payée à M. Bellois !   34   90

De *M. Lemelle,* pour espèces reçues de lui, *dont on n'avait passé aucune écriture,* pour deux factures de la Société, savoir : 17 juin 1863 !   760   »

                 23 juillet 1863.   760   »

De *M. Gaillat,* pour solde d'une facture d'une caisse de savon *dont il n'était pas crédité !* . . .   26   20

              Total. . . . . 4,135 f. 35 c!

Une comptabilité, dans laquelle se trouvent de telles lacunes, peut-elle jemais perdre son caractère d'irrégularité? Peut-elle jamais devenir contre l'associé, qui n'a en rien participé aux maniement des fonds communs, la base d'une condamnation à rembourser, dans la proportion de la participation qu'il devait avoir dans la société, partie des pertes qui résulteront de la balance du *Doit* et de l'*Avoir amendé,* surtout lorsque c'est l'auteur de ces irrégularités qui ressort de cette balance, par le fait même de ces irrégularités, comme l'unique créancier de la société ?

Évidemment, non !

Et, bien que M. le liquidateur, en portant au débit du gérant négligent ces 4,135 fr. 35 cent., n'ait rempli que le devoir de *la plus vulgaire équité*, M. Péchoin n'est-il pas fondé à dire, même après cette réparation, « *où est la garantie que l'actif social ne doit* « *être accru que de ces sommes ?* »

Peut-on même, sans un optimisme injustifiable, dire qu'il y a *probabilité* que ces 4,135 fr. 35 c. rétablis sur les livres, reconstituent l'actif *vrai* de la Société ?

Pourrait-on même le dire, après la réintégration sur les livres, à la suite de ces 4,135 fr. 35 c., des autres petites sommes que M. le liquidateur solde, dans son rapport, par le débit de *M. E. Asselin*, en les mentionnant ainsi :

Espèces *reçues* par M. Asselin de *M. Dupuy*, avenue des Thernes, pour solde d'une facture du 25 septembre 1862, et *non renseignée sur les livres de son oncle, le gérant.* . . . . . .   66 f. 25 c.

Espèces *reçues* par M. Asselin de *M. Trouart*, pour solde de la facture du 17 novembre 1862, *non renseignée* au prétendu livre de caisse de son oncle, le gérant.   38   »

Différence de la somme de 74 fr. 15 c. *portée comme payée* par M. Asselin, le 7 juin 1862, *au lieu de la somme réellement payée* de 60 fr. 90 c. seulement. .   13   25

Différence sur des notes que M. Asselin accuse avoir payées, le 4 septembre 1862, 23 fr. 70 c., au lieu de 19 fr. 80 c.   3   90

Différence entre la somme de 142 fr. portée comme payée par M. Asselin, pour transports, du 9 août au 21 décembre, à Boigue, et la somme de 104 fr. seulement payée par lui.   38   »

Ces *erreurs*, de la même nature que celles reprochées à M. Legrand, bien qu'elles n'accroissent l'actif que de   159 f. 40 c. ne permettent-elles pas de douter que *l'actif vrai* de la Société soit jamais constaté ?

Un second motif à fin de rejet du compte amendé et accusé par M. le liquidateur surgit de la difficulté de discerner par qui et au profit de qui ont été réellement faites certaines ventes.

M. Asselin père prétend avoir été tout à la fois été *savonnier, confrère concurrent* de la maison gérée par M. Legrand *son beau–frère,* et *mandataire commis-voyageur* de la Société *Legrand et Cie,* dans les circonstances qu'indique et apprécie ainsi M. le liquidateur au *chapitre* 14mo de son rapport, sous le titre de :

« PLACEMENTS ET RECOUVREMENTS FAITS PAR M. ASSELIN PÈRE.

« M. Asselin père a été chargé par MM. Legrand et Asselin fils de
« *voyager* pour le compte de la Société et de *placer des produits* de
« la fabrication des savons des *Syrènes.*

« Nous devons dire que *M. Péchoin s'est très-préoccupé de l'in-*
« *tervention de M. Asselin père* dans les affaires de la Société, attendu
« que *les placements de marchandises étaient faits sous le nom de*
« *M. Asselin père, qui disposait sur les correspondants et recevait d'eux*
« *sans faire connaître la Société Legrand et Cie*, au nom de laquelle
« il agissait.

« Comme *cette manière de faire était contraire aux usages du com-*
« *merce,* nous avons dû obtempérer au désir de M. Péchoin, qui
« nous a prié d'écrire à tous les correspondants pour leur demander
« le compte des affaires de savon faites soit avec la Société Legrand
« et Cie, soit avec M. Asselin père.

Or, cette enquête, motivée par le rôle anormal de M. Asselin, et dont M. Péchoin s'est très-préoccupé, a eu précisément, tout d'abord, pour premier résultat, de révéler ce que M. Péchoin était loin de prévoir, à savoir que M. Legrand, d'une part, ainsi que nous venons de le voir, avait reçu, sans les renseigner sur les livres, la somme de. . . . . 4,135 f. 35 c.
de même que M. Anselin fils celle de. 159 40

soit. . . 4,294 f. 75 c.
Quant aux éclaircissements que cette enquête devait, dans la pen—

sée de M. Péchoin, fournir sur le rôle joué par M. Asselin père, ils ont été de nature non-seulement à rendre inadmissible toute demande de M. Legrand tendant à faire participer M. Péchoin aux charges de la Société, mais *à légitimer une demande de M. Péchoin tendant à fin de dommages-intérêts contre M. Legrand pour faute lourde dans sa gérance.*

C'est ainsi que M. Péchoin a appris que M. Asselin père avait traité avec M. Tausset deux affaires montant à 780 fr. 95 c. Les livres de la Société n'en renseignent que 323 fr.—Différence.   457 f. 95 c.

Que M. Normand a traité avec M. Asselin père *une* affaire le 24 janvier 1863, montant à 113 fr. 10 c.; les livres de la Société n'accusent qu'une somme reçue de 59 fr. 95 c. — Différence.   53   55

Que MM. Daudin père et fils ont traité avec M. Asselin, le 21 janvier 1863, deux affaires montant ensemble à 449 fr. 95 c.; les livres de la Société n'accusent qu'une seule affaire de 33 fr. 95 c.—Différence.   446   »

Que MM. Colombelle à Mazamet ont réglé avec M. Asselin père une somme de 41 fr. 85 c., due à la Société, et dont on les a laissés débiteurs sur les livres.   41   85

Soit, des ventes que l'on peut considérer comme faites sous le couvert de la Société Legrand et Cie, et profitant à M. Asselin pour.   939   35

Et quand nous disons : qui peuvent être considérées comme faites sous le couvert de la Société Legrand et Cie, c'est qu'en effet l'on peut se demander si la livraison ne s'en serait pas faite dans la forme d'une livraison de savon de potasse de 106 fr. 10 c., en date du 13 janvier 1863, qui ne figure à cette date ni au crédit ni au débit de la Société Legrand et Cie, bien que conçue ainsi :

3, *rue des Poissonniers, à Saint-Denis.*

SAVONNERIE DES SYRÈNES.

LEGRAND ET Cie.

Doit **M. Rogier,**

la somme de F. *payable à*

pour vente et livraison de ce qui suit :

Saint-Denis, le 13 janvier 1863.

1   *B.*   *Savon de potasse.*

Brut   201.

T.   27.

204 K. à | 52 °/₀ | 106 | 10

« *Monsieur,*

« *Ainsi que nous en sommes convenus, je vous envoie un fût de savon de po-*
« *tasse dont voici facture par* 106 *fr.* 10 *c.*

« *Veuillez remettre au porteur les* 4 *tonnes vides à savon que vous avez et*
« 6 *demi-tonnes vides.*

« *Si vous voulez me compléter* 20 *tonnes ou* 25 *et me les faire remettre à*
« *Saint-Denis dans quelques jours, je les prendrai.*

« *Je vous salue sincèrement,*

« P. LEGRAND ET Cie.

« *(Signé)* : F. ASSELIN. »

Par qui et au profit de qui se fait cette vente? Au profit de la Société Legrand? Elle n'est renseignée ni au facturier, ni au livre de
caisse ; Et M. le liquidateur ne l'a pas eue, paraît-il, dans les documents qui lui ont servi à faire sa comptabilité nouvelle ; Elle n'est

pas même dans le petit livre de M. Asselin fils, que M. le liquidateur a trouvé, paraît-il, avec le fameux livre de caisse très-irrégulier et le copie de lettres.

Cependant, elle est bien faite par procuration de Legrand et C¹ᵉ, cette facture?... Et l'on a quelque droit de demander :

Qui en a touché le montant?

Si cette facture ne figure cependant pas dans les comptes de M. le liquidateur, qui garantit qu'elle est la seule? Et, dès-lors, où est la probabilité que la liquidation de M. Delacroix est l'expression de *l'état vrai* de la Société Legrand?

Si cette facture, qui ne figure pas dans les factures non renseignées constituant Legrand débiteur des fameux 4,135 fr. 35 c., ni dans les renseignements relatifs aux 959 fr. 35 c., montant des ventes faites par Asselin pour son compte, concurremment avec d'autres ventes importantes, et déclarées faites par lui pour le compte de la Société Legrand. Si cette facture, disons-nous, n'a pas eu sa place dans les documents recueillis par le liquidateur, faut-il en induire que la fourniture (malgré l'apparence bien concluante du contraire) a été faite, non par M. Asselin père, *représentant de la Société Legrand et C¹ᵉ*, mais par et pour M. Asselin père, le *confrère concurrent* de ladite Société?

Mais s'il en est ainsi, que penser, non pas du concurrent qui vend ses produits en empruntant le nom, la marque, les factures et la pseudo-signature de la fabrique rivale, mais que penser de la gestion du gérant de cette fabrique rivale, qui autorise ou facilite un tel abus si préjudiciable aux intérêts qu'il est chargé de défendre?

Comment s'étonner que M. Péchoin se soit « *très-préoccupé de l'intervention de M. Asselin père dans les affaires de la Société?* »

Et comment ne pas s'étonner que M. le liquidateur n'ait retenu des renseignements recueillis pour calmer les préoccupations de M. Péchoin que ceux relatifs aux erreurs de comptabilité de M Legrand, renseignements importants, sans doute, mais qui ne devaient pas être les seuls à attirer l'attention d'un *liquidateur d'office*, c'est-à-dire d'un *mandataire salarié* chargé de ne rien laisser dans l'ombre d'où peut sortir un droit ou une obligation?

Si M. le liquidateur passe en fait l'éponge sur tout ce qui est relatif au rôle de M. Asselin père, dont il donne seulement le compte-courant, il le fait, en vérité, avec trop d'art ou trop de simplicité.

En effet, le texte de M. le liquidateur, par son ambiguïté, laisserait croire qu'il a débité, quand il n'en est rien, M. Asselin père de ces 959 fr. 35 c., dont nous parlions plus haut, ou tout au moins M. Legrand; quand il dit :

« Après les documents que nous avons reçus, les *omissions* qui « ont été *réparées*, nous croyons que la Société Legrand n'éprouve « aucun préjudice. » *(Les omissions ont été réparées!)*

« En conséquence, *tout en regrettant* cette manière de procéder, et « sous réserve pour la Société contre M. Asselin père pour lui « réclamer les sommes dont il est débiteur, *nous pensons qu'il n'y a* « *plus lieu de s'occuper de cette question.* »

Que M. le liquidateur n'élève au nom de la Société aucune réclamation ayant pour objet de revendiquer contre M. Asselin ces 953 francs 35 cent., comme il a revendiqué pour l'actif social les 4,294 francs 75 cent. que MM. Legrand et Asselin avaient négligé de faire entrer dans la caisse sociale, nous le comprenons ; Avec la Acomptabilité de M. Legrand, même rectifiée par M. le liquidateur, il serait plus qu'impossible de justifier devant un Tribunal si M. Asselin a ou non commis là une erreur de même nature que celles reprochées à son beau-frère et à son fils.

Mais cette difficulté même, cette impossibilité de trouver dans les livres tenus par M. Legrand, une indication permettant de savoir, d'une part : Si, oui ou non, la Société a vendu à M. Fousset pour 780 f. 95 c., ou seulement pour 323 fr. de ses produits ; Quelle est, d'autre part, la véritable quantité de savon des Syrènes ou d'Oléines que la Société a vendue par l'entremise de M. Asselin père à MM. Normand, Daudin, Colombelle ; Quelle quantité d'autres est restée ignorée ; cette difficulté démontre le peu de foi à attacher aux livres,

Cette impossibilité de faire par les livres de la Société la contre-épreuve des énonciations des livres de M. Asselin père, aux dires duquel il faut s'en remettre aveuglément, démontre combien *il serait hasardeux de faire de ces livres la base nécessaire et inattaquable des intérêts de MM. Legrand, Péchoin et Asselin entre eux*, et combien il faudrait que nos juges s'écartassent de leur prudence habituelle pour homologuer un compte de liquidation qui a, sans doute, *amendé dans une certaine limite* ces livres *très-irréguliers*, mais ne saurait satisfaire à tous les *desiderata* d'une stricte équité.

Non, *M. Legrand n'a pas seulement à se reprocher la mal tenue plus ou moins sincère de ses livres, mais d'avoir en toutes circonstances compromis les intérêts de la Société, qu'il devait gérer.*

C'est ainsi que « M. Asselin père, au dire du liquidateur, dispo-
« sait sur les correspondants et recevait d'eux sans faire connaître
« la Société Legrand et Cⁱᵉ. »

M. le liquidateur, tout en trouvant que « *cette manière de faire*
« *était contraire aux usages du commerce* », n'a même pas soupçonné que dans le fait de M. Legrand, *seul gérant* de la Société, souffrant un tel état de chose, et qui plus est même l'encourageant, il y avait tous les éléments constituant la *faute lourde !*

Comment! non-seulement M. Legrand aura négligé la partie la plus importante de ses fonctions, celle qui doit permettre de contrôler sa gestion ; non-seulement il se sera trop souvenu de ses liens de parenté avec M. Asselin père, et pas assez du lien social qui mettait les intérêts de M. Péchoin entre ses mains ; non-seulement il aura confié à son beau-frère le soin de représenter la Société dont il était, lui, le gérant, mais il aura souffert que celui-ci ne fît pas connaître la Société, et pût ainsi ou s'appliquer à sa guise les ordres qu'il recevait, ou, par générosité pure, charger la Société de les remplir, et il en sera quitte pour un tout léger blâme? Il pourra demander 7,869 francs à M. Péchoin sous prétexte que sa gestion aurait coûté trois fois plus à la Société?

M. Péchoin ne se croit pas seulement fondé à repousser par voie d'exception la conclusion d'un rapport de liquidation qui, vu l'insuffisance des documents ayant servi à l'établir, n'est et ne pouvait être qu'une *approximation* lointaine encore de la situation vraie de la Société Legrand et Cie, et n'aurait jamais pu l'obliger, lui M. Péchoin, qu'envers les tiers ayant contracté avec le gérant, mais nullement envers celui-ci, qui n'a à s'en prendre qu'à lui-même si la Société a eu (ce qui est douteux) les résultats désastreux qu'il lui prête, et que le liquidateur, d'autre part, semble reconnaître.

M. Péchoin se croit tout au contraire fondé, en outre, à réclamer contre ce gérant des dommages-intérêts pour le préjudice que sa gestion a causé à la Société d'abord, et à lui-même personnellement ensuite.

S'il est de principe que si l'on n'exige pas d'un associé, gérant les affaires d'une société, le soin le plus exact, c'est-à-dire le soin qu'ont dans leurs affaires *les plus habiles pères de famille*, c'est qu'il peut n'être pas capable de ce soin, mais on a le droit d'attendre de lui du moins les soins *d'un bon père de famille* ;

S'il est de principe que chacun est présumé capable du soin ordinaire qu'apportent à leurs affaires les personnes *les moins intelligentes*, et que, *lorsqu'il n'apporte pas ce soin*, ON DOIVE PRÉSUMER *que c'est par* UNE PARESSE VOLONTAIRE *et* CONDAMNABLE dont, à la vérité, il n'est comptable envers personne, pour ses propres affaires, mais DONT IL EST COMPTABLE ENVERS SES ASSOCIÉS *lorsqu'il a eu cette paresse* pour les affaires communes ;

S'il est de principe, et de principe rigoureux, que celui qui, négligent pour ses propres affaires, *accepte un rôle actif* dans une société, *contracte l'engagement tacite d'apporter dans la gestion des intérêts sociaux plus de soin qu'il n'en donne à ses intérêts privés* ;

S'il est de principe qu'*en matière* de Société la faute doit être appréciée dans un sens relatif et d'après la capacité de ceux auxquels on l'impute, mais qu'*on doit exiger d'eux tous les soins, toute la vigilance qu'on a pu espérer et qu'ils sont censés avoir promis lors du contrat* ;

S'il est de principe que *le gérant est un mandataire* dont la responsabilité est régie par l'article 1992 du Code Napoléon, qui dispose que « *le mandataire répond non-seulement de son dol, mais encore des fautes qu'il commet dans sa gestion ; néanmoins la responsabilité relative aux fautes est appliquée* moins rigoureusement à celui dont le mandat est gratuit qu'à celui qui reçoit un salaire ; »

S'il faut, dès lors, ainsi que l'enseignent unanimement MM. *Dalloz,* v° *Société,* n°ˢ 566, 567, 568 ; *Duvergier* sur *Toullier,* n° 336 ; *Molinier,* n°ˢ 335 et 336 ; *Massé* et *Vergé* sur *Zacchariæ,* tome IV, § 716, note 9 ; *Delangle,* n° 161 ; *Troplong,* n° 573, appliquer aux gérants les dispositions des articles 1382, 1383 et 1384 du Code Napoléon, ainsi conçus :

« *Tout fait quelconque* de l'homme qui cause à autrui un dommage « oblige celui par la faute duquel il est arrivé à le réparer (1382).

« *Chacun* est responsable du dommage qu'il a causé, non-seule- « ment par son fait, mais encore par sa négligence et son impru- « dence (1383).

« On est responsable, non pas seulement du dommage que l'on « cause par son propre fait, mais encore par le fait *des personnes* « *dont on doit répondre* (1384) »,

M. Legrand ne pourrait-il pas être actionné en réparation du préjudice causé par sa gestion à M. Péchoin, celui de ses associés dont il a le plus compromis les intérêts, et qui n'a pas, comme M. Asselin, l'espoir certain, et déjà en partie réalisé, de retrouver comme *fils,* tout ce qu'il aura perdu comme *associé,* c'est-à-dire installée dans partie de l'ancienne habitation sociale (en attendant que cette liquidation finie, elle puisse l'occuper toute), la fabrique paternelle identique à celle en liquidation, ayant depuis l'origine de celle-ci la même clientèle, et pouvant paraître prédestinée ainsi, dès l'origine, à recueillir la succession entière de la Société Legrand et C°, dont l'existence ne semblerait vraiment avoir eu d'autre raison d'être, s'il fallait ne tenir compte que des apparences, que d'assurer la fortune de cette héritière, que MM. Legrand et Asselin lui auraient ainsi de longue main préparée?

Que M. Asselin fils ne se joigne pas à M. Péchoin contre M. Legrand, son oncle, on le comprend sans peine. Peut-il se plaindre, parce que son père recueille, sans bourse délier, l'intégralité d'une clientèle « *qui ne connaissait que lui,* » même quand elle achetait les produits de la Société Legrand?

Peut-il se plaindre de ce que celui qui a demandé la liquidation de la Société peut sembler avoir eu soin d'acheter, en vertu de son mandat, tout juste la qualité et la quantité de marchandises que M. Asselin père eût dû acheter pour les besoins de sa propre fabrication?

On conçoit que M. Asselin fils ne fasse pas à M. Legrand, son oncle, un grief de la coïncidence qui fait que M. Asselin, son père, n'ignorait pas la dissolution prochaine de la Société Legrand et Cⁱᵉ, qu'il en ait pu connaître, avant M. Péchoin, le jour et l'heure fixe, puisque c'est lui-même, Asselin fils, qui s'est, en même temps que M. Legrand, aperçu que leur Société avec M. Péchoin était nulle, et a demandé, au nom de l'intérêt public, cette dissolution, en quelque sorte au moment où les provisions de matières premières de M. Asselin pouvaient tirer à leur fin.

Peut-il se plaindre de ce que son père peut paraître à M. Péchoin un acheteur prédestiné aux enchères expressément au comptant de tout ce dont il pouvait avoir omis de se prémunir, matériel ou produits manufacturables?

M. Asselin fils pouvait-il se plaindre que cet achat au comptant eût été facilité à son père par M. Legrand qui, bon parent, lui avait, avec le plus complet désintéressement, laissé en mains 8,554 f. 80 c. qu'il devait à la Société? Peut-il se plaindre si Legrand a eu pour but d'étendre encore ces prêts gratuits, avec plus de facilité, quand il retira, de ses propres mains, de la caisse sociale, ce qui lui semblait former la représentation de son apport de 40,000 fr. mis au service de

la Société, soit le montant de toutes les factures soldées à la Société,
au fur et mesure de l'encaissement?

Pouvait-il même trouver à redire à ce que M. Legrand se fût toujours plu à considérer la caisse sociale comme une succursale de la
sienne, puisque le liquidateur n'a rien dit, trouvant la caisse vide,
un peu contrairement à l'usage, sinon de M. Legrand, du moins
d'un comptable au fait du premier et du plus simple de ses devoirs
de gérant salarié?

Que M. Asselin fils déclare ne trouver là rien, sinon de reprocha-
ble, du moins qui lui soit à lui *personnellement* préjudiciable, ce
n'est peut-être pas précisément d'un bon associé devant aider son
coassocié dans la défense de ses intérêts lésés, mais comme c'est d'un
bon fils et d'un bon neveu, M. Péchoin ne s'étonne pas d'être seul à
demander à la justice :

« Était-ce d'un gérant soucieux des intérêts sociaux, d'un gérant
recevant *deux mille francs de traitement* comme indemnité de sa gestion, que de fournir, par manque de prévoyance, précisément *à son
parent le plus proche*, les moyens de s'enrichir aux dépens de la société qu'il devait gérer fidèlement; de lui faciliter les moyens de faire
à cette société la concurrence la plus préjudiciable?

« En lui sous-louant pour exercer *la même industrie* une partie des
locaux de la Société?

« En faisant la plupart des opérations commerciales avec les
agents de la Société, *par son intermédiaire?*

« En lui cédant au-dessous du *prix de revient* des marchandises
qu'il avait achetées par son intermédiaire, et moyennant la commission d'usage?

« En lui vendant, par exemple, entre autres, 26 fûts d'oléine, du
26 novembre 1862 au 15 février 1863, à 85 fr. les 100 kilos, prix
d'achat, sans y ajouter le montant de la commission dont il l'avait
crédité, quand il avait acheté par son intermédiaire ces mêmes
26 fûts, pour compte de la Société, et surtout en lui recédant ces

marchandises au moment où les oléines étaient à un cours de 10 à
15 fr. par cent kilos plus chers?

« En laissant dans ses mains 8,554 fr. 80 c.; dont il restait débiteur par suite de ces ventes, privant ainsi la Société tout à la fois des
intérêts de cette somme et des avantages qu'elle était en droit de re-
tirer en son temps par l'emploi de ces 8,554 fr. 80 c., et de leurs
intérêts en extension de sa fabrication?

« En retenant abusivement, dans ses propres mains, non pas
seulement les 4,135 fr. 35 c. non renseignés sur ses livres dont nous
avons parlé, mais l'intégralité des paiements qu'effectuaient les
clients, mais ce qui est tout aussi irrégulier; en retenant par devers
lui les fonds dont il s'était engagé à mettre la jouissance, à titre d'ap-
pat, au service de la Société, et ce jusqu'au jour de sa liquidation
effectuée? »

« Il peut arriver, dit Dalloz (v° *Société*), que l'un des associés
prenne des fonds dans la caisse sociale pour les employer à ses propres affaires; évidemment il en devient, par cela seul, débiteur
envers la société.

« Mais en outre, comme il prive la société de la faculté de faire
fructifier les fonds, comme il est possible que lui-même les fasse
fructifier à son profit personnel, l'équité exige qu'il en paie *au
moins* les intérêts, même sans être mis en demeure. »

« *Vainement*, dit avec raison, sur ce point, M. DELANGLE, n° 158,
« *le gérant alléguerait-il et prouverait-il que le capital versé dans la*
« *caisse n'en est pas sorti, la règle ne fléchirait pas : ce qu'il ne*
« *paierait pas en réparation d'une fraude, il le devrait comme peine*
« *de son incurie.* »

L'article 1846 du Code Napoléon a d'ailleurs posé avec une très-
grande netteté ce principe :

« *L'associé qui devait apporter une somme dans la société et qui ne*
« *l'a point fait devient,* DE PLEIN DROIT ET SANS DEMANDE, *débiteur de*
« *cette somme à compter du jour où elle devait être payée.*

« *Il en est de même à l'égard des sommes qu'il a prises dans la*

« *caisse sociale, à compter du jour où il les en a tirées pour son profit*
« *particulier.*

« Le tout sans préjudice de plus ample dommages-intérêts, s'il y a
« lieu. »

Il est évident que l'usage d'une somme due par l'associé, consis-
tant dans l'intérêt de l'argent, ne pas payer, c'est bénéficier seul de
l'usage dû à tous; il en est de même des sommes non évidemment
utilisées par la société. En outre, il est incontestable qu'en s'empa-
rant ainsi des fonds sociaux, cet associé cause à la société un préjudice dont le paiement des intérêts ne serait pas une indemnité suffisante : que, par exemple, il l'ait empêchée de faire une opération
avantageuse.

Sans doute, il est des cas fort rares où il serait même trop rigoureux de demander au gérant de payer les intérêts de toutes les
sommes qu'il encaisse, puisqu'il est fort souvent obligé de conserver
un fonds de roulement ;

Mais n'est-ce pas à lui à établir d'*une manière incontestable* que ce
qu'il devait à la caisse a été payé au temps fixé, et que de ces sommes
ou autres recettes il n'a conservé improductives que les sommes
nécessaires au roulement de la fabrique et de la maison qu'il admi-
nistrait ? Si non, la présomption ne doit-elle fatalement pas être
qu'il a appliqué ces sommes à son profit personnel ?

S'il suffisait à un associé gérant débiteur envers la société, pour
s'affranchir du paiement des intérêts, d'alléguer qu'il a versé et
gardé les fonds dans la caisse sociale sans en faire usage, et s'il était
nécessaire de prouver contre lui que cette allégation est fausse, qu'il
n'a pas payé à l'échéance ou qu'il a employé ces fonds à son profit,
la règle ne resterait-elle pas à jamais sans effet ?

Dans son rapport (chapitre XXIII), M. le liquidateur signale ainsi
quel fut, pendant toute la durée de la Société Legrand et Cⁱᵉ, le véritable état de choses sur ce point : « M. Legrand, n'ayant pas
« apporté en une fois, ni les 20,000 fr., ni les 40,000 fr. qu'il
« s'était obligé de fournir à la Société, mais ayant pourvu aux

« dépenses de la Société, soit de ses deniers personnels, soit au
« moyen des recouvrements qu'il opérait par suite des ventes de
« savon,

« Nous porterons à l'avoir du compte de M. Legrand tous les
« paiements par lui faits, mais par contre, nous le débiterons de
« toutes sommes par lui reçues. »

Si le procès actuel avait moins pour but *le rejet pur et simple*,
comme non opposable, en l'état, à M. Péchoin, du compte de liquidation que la critique, même de ce rapport; Si nous discutions des
chiffres et contestions telle ou telle imputation au débit ou au crédit
de l'un ou de l'autre associé ; Si nous étions en présence, tout à la
fois, d'une mal tenue de caisse et d'une comptabilité régulière, de
livres énonçant fidèlement, quant au nombre, quant au prix, quant
à l'époque, toutes les transactions de la Société, nous comprendrions
parfaitement que M. le liquidateur, qui n'a fait d'ailleurs qu'appliquer bien strictement un principe écrit tout au long dans la loi, en
mettant à la charge de Legrand les intérêts des sommes peu fidèlement retenues par lui, nous comprendrions qu'il dît : « Par ce
« moyen nous éviterons des difficultés qui auraient pu occasionner
« des erreurs et nous ferons une chose parfaitement exacte *sous tous*
« *les rapports ;* »

Mais nous sommes en présence de livres qui, s'ils disent, ce que
nous croyons de reste, *tout ce qui a été dépensé* pour la Société, sont
loin de dire *tout ce qui a été* encaissé pour elle, puisque plus de
20 pour 100 de différence sont même reconnus par le liquidateur
manquer sur ce point , ce qui est loin de signifier que ce soit réellement là tout.

Il résulte donc nécessairement de là que porter à l'avoir de M. Legrand tout ce qu'il dit avoir payé, peut être un bon point de départ
de contrôle ; mais débiter seulement M. Legrand de ce *qu'il dit* avoir
encaissé, augmenté seulement de ce dont quelques clients ont bien
voulu renseigner le liquidateur, tout en étant la seule chose possible
à un comptable, ne peut avoir pour résultat qu'une opération

d'arithmétique exacte, mais pas du tout un compte exact *sous tous les rapports* et ne saurait satisfaire ni l'équité, ni la justice.

Si l'action de M. Péchoin n'était qu'une action en règlement, ne soulevait qu'une question d'imputation de sommes à tel débit ou tel crédit, plutôt qu'au crédit ou au débit de tel autre, nous rappellerions ici quelques principes dont l'application changerait singulièrement les résultats de *la balance* qui ressort de la *comptabilité nouvelle* de M. le liquidateur.

Mais M. Péchoin répudie énergiquement tout ce qui pourrait faire dépendre sa situation d'une liquidation faite dans les conditions extra-anormales de la liquidation de la Société Legrand et Cⁱᵉ.

En droit, il ne peut jamais ressortir débiteur, nous l'avons longuement, trop longuement peut-être démontré.

Mais comme M. Péchoin se croit fondé, en droit et en équité, à réclamer des dommages-intérêts contre le gérant qui a

Compromis ses intérêts ;

Discrédité la marque de fabrique qu'il avait lui, Péchoin, apportée à la Société ;

Divulgué ou du moins rendu vains les procédés de fabrication qu'il avait lui, Péchoin, apportés à la Société ;

Livré la clientèle qu'il avait lui, Péchoin, apportée à la Société ;

Occasionné par son incurie, son impéritie, et surtout son abandon de toutes les opérations de la Société à son propre beau-frère, concurrent de la Société, une ruine là où le succès était facile, ainsi que le démontre le succès même de la fabrique de même nature établie dans une partie du local social par le concurrent, commis-voyageur de la Société,

M. Péchoin a intérêt à indiquer quelques erreurs de fait et de droit dans lesquelles M. le liquidateur est tombé, qui font ressortir, tout compte fait, la Société débitrice de. . . . . 15,897 f. 09 c.

Quand M. Legrand, dans son inventaire d'octobre 1863, ne portait les dettes sociales qu'à . 10,006 75
____

Soit en plus. . . . . 5,890 f. 34 c.

Constatons d'abord que cet écart est augmenté par les 3,000 *fr. d'ho-noraires* que réclame M le liquidateur *en sus des frais* de liquidation.

Quand des fonds n'ont été mis en société que pour la jouissance, l'associé qui a apporté ces fonds ne peut en réclamer les intérêts, puisque *les intérêts sont la représentation de cette jouissance*. Un Arrêt a décidé que de la circonstance que des associés se sont alloué des intérêts *en certain cas*, il a pu être induit qu'il était convenu entre eux qu'il n'en serait pas exigé pour les fonds versés par eux dans la société.

« *Attendu*, dit cet Arrêt, *quant aux intérêts non alloués pour le*
« *capital versé par le réclamant dans la Société; que c'est encore de*
« *l'examen des conventions des deux associés mises sous ses yeux que*
« *l'Arrêt a induit que les parties avaient entendu ne pas faire produire*
« *d'intérêt au capital fourni, puisqu'elles n'en ont point parlé et qu'elles*
« *ont indiqué d'autres cas ponr lesquels les intérêts seraient payés*, ce
« qui prouve qu'aucune convention des associés stipulant des in-
« térêts du capital dont il est question, n'a été soumise à l'examen
« du juge;

« Rejette »— Ch. des Req., 1er mars 1815.

L'existence de la Société est admise pour le passé à titre de fait; dès lors, on ne saurait faire abstraction du contrat sous le vain pré-texte que la Société étant nulle, le partage doit se faire d'après le droit commun ; c'est en effet substituer arbitrairement, à une con-vention que les parties avaient adoptée d'un commun accord, une autre convention qui ne repose sur rien.

Le droit commun n'est que la règle de ceux qui n'ont pas prévu dans un acte telle ou telle hypothèse ; la présomption est qu'il faut en référer à la loi ou à l'usage sur tous les points que leur contrat n'a pas réglé; mais là où il y a contrat, la présomption est contredite par la réalité.

Lorsque les associés de fait ont tout prévu, tout réglé, de quel droit viendrait-on leur appliquer contre leur gré des règles diffé-rentes, que la loi indique mais n'impose pas aux contractants?

5

Si l'on s'écartait de ces règles, ce serait nécessairement au profit de quelques-uns des associés au détriment des autres ; On ne saurait admettre en effet que leurs droits et leurs intérêts fussent soumis à des règles différentes de celles qu'avait établi la convention sans qu'il résultât de cette différence un avantage pour les uns et un dommage pour les autres. Il se trouverait en définitive qu'une faute qui a été commune, serait pour quelques-uns le principe d'un bénéfice fa t au dépens des autres.

Un tel résultat est condamné par la raison et l'équité.

Tous les auteurs le repoussent (Dalloz, *Soc.*, 853 ; — Troplong, 249 ; — Bédarrides, 364 ; — Delangle, 529 ; — Alauzet, n° 232).

Et cependant, M. le liquidateur, dans le compte-courant de M. Legrand, a fait le calcul des intérêts au débit et au crédit dont il fait la balance, comme des capitaux versés ou reçus ! Ce qui ressort de l'extrait suivant :

*Compte courant et d'intérêts de **M.** Legrand dans la Société* Legrand et Cⁱᵉ, *arrêté le* 20 *août* 1864.

DOIT	Sommes.	Intérêts 6 %/₀	AVOIR.	Sommes.	Intérêts 6%/₀
Report. . . .	31,053 13	2,936 15	Report.	59,025 38	6,857 84
Balance des intérêts.		2,921 96	Intérêts à son crédit		
Balance des capitaux.	31,893 94		sur balance. . . .	3,921 60	
Solde créditeur . . .	62,947 07	6,857 84		62,947 07	6,857 84
			Solde créditeur en sa		
			faveur.	31,893 94	

Cette erreur flagrante rectifiée, on le voit, malgré la mauvaise gestion de M. Legrand, la Société n'a, en réalité, perdu que peu de chose, elle aurait même facilement pu faire des bénéfices.

Et l'on comprend, dès lors, que M. Péchoin, qui avait longtemps exercé l'industrie de savonnier, de qui émanaient les recettes de fabrication de la Société Legrand et Cie ; que M. Péchoin, qui savait mieux que personne quelle était l'énorme différence bénéficiaire entre le prix de revient de fabrication du savon des Syrènes, et celui de vente, ait pu « s'étonner que la Société ne fût pas en bénéfice. »

En effet : Si l'on porte à l'actif social les intérêts des sommes que M. Legrand devait verser, du jour où elles devaient être versées jusqu'au jour de l'emploi ;

Que si l'on supprime, par contre, les intérêts portés par erreur du liquidateur et au crédit de M. Legrand, et, d'autre part, au débit de la Société ;

Que si l'on porte au débit du gérant toutes les sommes encaissées par lui jusqu'au jour de leur emploi et que l'on crédite d'autant la Société,

Le chiffre des pertes qu'accuseront alors les *livres nouveaux* et la *comptabilité nouvelle* du liquidateur sera de beaucoup atténué.

Accorder à M. Péchoin, à titre de dommages-intérêts, sa libération seule de toute participation à ces dettes serait, par suite, tout-à-fait dérisoire.

Le préjudice qu'il a éprouvé dépasse, en effet, de beaucoup cette quotité ; ainsi, nous n'avons parlé que du préjudice qui lui a été causé en tant qu'associé, mais il est d'autres préjudices (sans parler de la perte de ses procédés, de sa clientèle et de son matériel de savonnier vendu à bas prix) qui résultent pour lui de la manière dont M. Legrand a géré et tenu ses livres. C'est ainsi que, par exemple, la mauvaise tenue des livres de M. Legrand a mis M. le liquidateur dans l'impossibilité d'évaluer le chiffre des avantages particuliers réservés par l'acte social à M. Péchoin et à M. Asselin fils lui-même.

« MM. Péchoin et Asselin fils avaient droit sur les produits en-
« caissés avec bénéfice à un prélèvement de un et demi pour cent
« pour les ventes en gros et de trois pour cent pour les ventes en
« détail, lequel prélèvement devait appartenir pour *trois cinquièmes*

« à M. Péchoin et deux cinquièmes à M. Asselin fils. » (Rapport du liquidateur, chap. 9.)

Et M. le liquidateur, après avoir constaté la clause, ajoute :

« Nous n'avons pu faire attribution de ces prélèvements aux « crédits des comptes de MM. Péchoin et Asselin fils, attendu :

« Que, d'un côté, nous *n'avions aucun élément pour distinguer les* » *ventes faites en gros et celles faites en détail ;*

« Que, d'un autre côté, eussions-nous pu établir cette distinction, « elle aurait été inutile par la raison que, *ne possédant pas de do-* « *cuments pour l'établissement du prix de revient des marchandises,* il « nous était impossible de savoir s'il y avait eu ou non des bénéfices « sur les ventes.

« En l'absence de tous renseignements pouvant nous éclairer à « cet égard, nous avons dû nous borner à rechercher s'il y avait eu « bénéfice sur les ventes faites pendant la Société par un état com- « paratif entre le prix d'achat des marchandises vendues augmenté « de la main-d'œuvre, et les frais généraux d'une part, et le pro- « duit de ces mêmes marchandises d'autre part.

ÉTAT.

« Les marchandises achetées pour la Société ont coûté la somme « de. . . . . 41,529 f. 50 c,
« La main-d'œuvre, représentée aux livres « par le compte d'ouvriers, s'est élevée à. . . 2,625 »
« *Les frais généraux* ont été de. . . . . 3,461 »

            « Total. . . . 47,675 f. 85 c.

« Duquel il y a lieu de faire distraction des « marchandises restant en magasin à la clôture « des opérations de la Société et vendues par Mᵉ « Levillain. 7,729 60

            « Reste dû. . . . 39,946 f. 25 c.

A reporter.

Report. 39,946 f. 25 c

« Le total des ventes ne s'étant élevé, y com-
« pris les savons retournés, qu'à. 37,721   35

« Il y a une perte réelle de. . . . . . 2,224 f. 90 c.

« Ce résultat négatif *prouve* qu'il n'y a pas lieu de faire droit
« aux prélèvements stipulés en faveur de MM. Péchoin et Asselin
« fils. »

Si M. Péchoin n'opposait une exception radicale à tout compte de liquidation dont on voudrait lui faire solder les résultats, nous pourrions nous livrer à la contestation de quelques uns des nombres formant le total des déboursés de 47,675 fr. 85 c., et démontrer qu'il en est plus d'un d'arbitraire, mais comme nous n'en sommes venus à parler des choses traitées dans le chapitre 9 du rapport du liquidateur 1° que pour donner un exemple de plus de la mauvaise tenue des livres et du peu de créance qui peut leur être due, même après le travail plus ingénieux qu'utile que M. le liquidateur s'est bénévolement cru obligé de faire ;

2° Que pour donner, pièces en main, la preuve que M. le liquidateur reconnaît qu'il est impossible de discerner les ventes en gros de celles en détail ;

3° Qu'il n'existe aucun document pour l'établissement des prix de revient des marchandises ; Ce qui n'empêche pas M. le liquidateur de poser un prix de revient par francs et *centimes*, d'en retrancher un prix de vente que nous avons démontré surabondamment rendu aussi incertain que possible, par la mauvaise habitude de M. Legrand de ne pas renseigner sur ses livres les recettes aussi scrupuleusemènt que les dépenses ; Ce qui n'empêche pas que (retranchant du premier nombre approximatif un second nombre bien plus par-à peu-près que lui, mais énoncé par francs et centimes, ce qui lui donne une petite apparence d'être consciencieusement, fidèlement et complétement établi) ; Ce qui n'empêche pas M. le liquidateur de dire : « Il y a eu une perte réelle de 2,224 fr. 90 c., ce « résultat *prouve*..., etc. » ;

4° Que l'on n'a vu, pendant toute la durée de la Société, dans M. Péchoin qu'un possesseur de clientèle de procédés et de matériel enviés destiné à payer le coût de l'apprentissage de M. Legrand aux fonctions de gérant et de M. Asselin à celles de directeur chef d'atelier en échange de l'abandon de ses procédés, de sa clientèle et de son matériel ;

5° Que M. le liquidateur, pas plus que M. Legrand, ni même M. Asselin qui y avait un intérêt de même nature que celui de M. Péchoin, n'ont pris au sérieux *l'article sept* de la convention sociale, ainsi conçu :

« MM. Péchoin et Asselin devront, autant que cela sera néces- « saire, donner leur temps à la Société, et ils auront droit *sur les* « *ventes encaissées* avec bénéfice *à un prélèvement*, etc. »

Ce qui est loin de vouloir dire que ce prélèvement n'est à faire que si les opérations de la Société offrent, à la dissolution de celle-ci, un bénéfice, mais qui peut se résumer ainsi :

Chaque vente *avec bénéfice*, — prélèvement pour MM. Péchoin et Asselin ;

Chaque vente *nulle*, — rien;

Chaque vente avec perte, — partage de la perte entre *les associés*.

Ceci ne démontre-t-il pas combien était inutile cette partie du travail que M. le liquidateur s'est encore cru *obligé* de faire ?

Quant à nous, nous retenons cet aveu « qu'il était impossible de distinguer les ventes en gros de celles en détail, les bonnes des mauvaises ventes ; » Et nous constatons que M. Péchoin fut tout simplement privé d'une quotité active, au bénéfice de la Société d'abord, qui en eût dû être débitée, au bénéfice de M. Legrand et de M. Asselin qui auraient dû voir M. Péchoin prélever là où ils n'avaient l'un, rien, l'autre que peu de chose à réclamer en échange ; le tout parce que M. Legrand n'a pas tenu on ne veut pas produire de livres réguliers.

Et certes, de ce chef encore, M. Péchoin n'est-il pas fondé en

droit à dire : « La gestion de M. Legrand a été telle qu'elle n'a pas
« seulement compromis les intérêts communs des associés, mais
« encore elle a mis ceux-ci dans l'impossibilité de revendiquer les
« avantages particuliers qu'ils s'étaient réservés dans le contrat qui
« les unissait entre eux ? »

Du reste, ainsi que nous l'avons établi, la Société ne peut sembler aux esprits les moins malveillants avoir eu pour but, de la part de MM. Legrand et Asselin, que de faire, à frais communs avec M. Péchoin, l'apprentissage de la profession de M. Péchoin, avec l'arrière-pensée, bien légitimement soupçonnable, de se débarrasser de lui après en avoir obtenu ainsi, sans l'indemniser, *secrets professionnels et clientèle*. Rien ne saurait mieux confirmer que c'est bien ainsi qu'il en a été, que cette vente conditionnelle que M. Péchoin fut amené à faire de son matériel à M. Legrand ès-nom, et dont nous avons donné le texte en tête de cette Note.

Acheter ferme ce matériel eût été d'un homme moins prévoyant que M. Legrand,

Et M. Péchoin peut être induit à penser que ce n'est pas sans motif que celui-ci n'a pas régularisé le contrat de Société, qu'il n'a pas rempli les formalités légales ; Il fallait, dans la pensée de M Legrand, pouvoir, à jour dit, expulser l'étranger et se retrouver en famille.

M. Péchoin est peut-être aujourd'hui excusable de soupçonner que, prévoyant une liquidation d'autant plus fatale, qu'elle devait être prononcée par le Tribunal sur la requête du premier associé mécontent, M. Legrand s'était réservé, s'il ne pouvait l'amener, en l'effrayant par la vue de pertes plus ou moins sincères, à demander en temps opportun cette dissolution, de la demander lui-même, se disant en lui-même, et dans son for intérieur, que les produits fabriqués ou matières premières se vendraient à bas prix, et qu'il y aurait pour l'acquéreur futur, fût-il M. Asselin père ou lui-même, un joli bénéfice à réaliser.

Sur le matériel, les choses devaient-elles se comporter autrement ?

M. Péchoin, la vente étant ferme, aurait reçu 5,000 fr. comme associé, et le tiers du produit serait revenu encore à son avoir.

N'aurait-on pas rêvé trouver mieux? par exemple : que la dissolution prononcée, M. Péchoin dût rembourser l'à-compte, reprendre son matériel et se trouver forcé de s'estimer heureux d'avoir en M. Asselin père un acquéreur à un prix infime? Car les acheteurs de matériel de savonnier sont rares.

M. Legrand proposa une condition suspensive que M. Péchoin ne pouvait refuser : « Si la Société se dissolvait avant un an, la vente serait convertie en louage et M. Péchoin reporterait son à-compte à la masse en reprenant son mobilier. » Or, comme le seul cas de dissolution prévu dans le contrat dépendait du succès que M. Péchoin ne pouvait que croire assuré, puisqu'il s'agissait d'exploiter son propre procédé et qu'il avait une clientèle assurée, M. Péchoin eut la trop confiante bonhomie d'accepter la clause.

Aujourd'hui que M. Legrand et M. Asselin ont fait dissoudre la Société Legrand et Cie, que M. Asselin père a une petite fabrication, MM. Legrand et Asselin fils peuvent-ils voir d'un œil d'envie, en bon frère et fils qu'ils sont, que les matières premières de la Société Legrand complètent les petits approvisionnements de M. Asselin père ?

Quant au matériel, si M. Asselin ne l'obtient à bas prix, que leur fait qu'il se perde aux mains de M. Péchoin, qui aurait bien du courage de se refaire savonnier ?

M. Péchoin prétend que la Société Legrand et Cie lui doit le surplus du prix de son matériel et les intérêts depuis le 1er avril 1863.

Cette demande est-elle fondée ?

MM. Legrand et Asselin déclarent que l'exploit du 17 mars 1863, à la requête de M. Legrand ès-nom, portant déclaration à M. Péchoin « que si au 1er avril l'inventaire auquel il se proposait de procéder, ne présentait pas un chiffre de bénéfice net de 6,000 fr. depuis le 1er avril, il provoquerait lui, Legrand, la dissolution *immédiate* de la Société ; que cette signification était faite pour qu'il se tînt bien et dûment averti et eût à prendre telle mesure qu'il jugerait convenable, sous toutes réserves. »

En conséquence M. Legrand et M. Asselin prétendent que cet exploit, suivi du constat du 2 avril, dont on sait le contenu, plus qu'insuffisant et contestable, équivalait, en ce qui concerne la question du matériel, à l'accomplissement de la clause suspensive; et d'autre part M. le liquidateur, oubliant que sa mission n'est pas de trancher la question de droit, qu'il doit agir en tout dans l'intérêt de la masse dont le Tribunal lui a confié la défense d'office, n'a cru ni devoir faire vendre ce matériel comme social, ni faire à M. Péchoin aucune sommation d'avoir à le reprendre et à rapporter l'à-compte reçu.

Bien qu'ici M. Péchoin soit un tiers dont le liquidateur ne peut se permettre de trancher les droits, puisque sa mission l'établit, au contraire, son adversaire légal, M. le liquidateur, sans faire juger la question de propriété, a jugé à propos de traiter ainsi la question du mobilier et l'obligation relative au prix dans son rapport de liquidation, comme s'il s'agissait d'un droit social à liquider :

« *Certainement à cette époque* (1er avril 1863) la question de savoir
« si le matériel de M. Péchoin appartenait ou n'appartenait pas à
« la Société Legrand et Cie, *aurait pu présenter quelques incertitudes.*
« Il résulte du présent travail (son rapport) que la Société Legrand
« et Cie était en perte de plus de 6,000 fr. »

« En conséquence, *nous sommes d'avis* (notre adversaire légal devient notre juge.... ; le teneur de livres se croit un arbitre ayant droit à donner un avis dans les différends de la Société qu'il représente avec *un tiers*, seule qualité ici de M. Péchoin, vendeur à Legrand, ès-nom !) que le matériel de M. Péchoin est resté sa propriété, que M. Péchoin doit être débité de 1,500 fr. sans intérêts,
« qu'il a reçus sur le prix du montant, et crédité de 425 fr. pour
« indemnité de ce même matériel! »

Mais la vente dit *textuellement :* « Il est expressément convenu
« toutefois que la présente vente sera résiliée de plein droit entre
« les parties dans le cas où la Société Legrand et Cie *viendrait à se*

« *dissoudre* à la fin de sa première année d'existence, conformé-
« ment aux termes de l'acte de société »

C'est précis, l'équivoque est impossible : « *Si la Société est dis-
« soute le 1ᵉʳ avril 1863, la vente est annulée*; si la Société survit
« au 1ᵉʳ avril 1863, la vente est ferme. »

Toute la question est donc là ; qu'en pense M. le liquidateur ?

« Quant à l'autre question de savoir à quelle époque ladite So-
« ciété a cessé d'exister, il est *inutile* de s'en occuper. »

Vraiment! Et pourquoi?

« Attendu que, *si* elle a été rompue *de fait* dès le mois d'avril
« 1863, « *la nullité régulière n'a été prononcée que le 30 octobre sui-
« vant par jugement du Tribunal de commerce de la Seine.* »

Et voilà pourquoi? parce que *la nullité régulière n'a été prononcée
que le 30 octobre suivant,* par jugement du Tribunal de commerce
de la Seine. — Elle doit être réputée remonter *de fait* au 1ᵉʳ avril !
Voilà pourquoi M. Péchoin remboursera 1,500 fr. et ne touchera
pas les 3,500 fr. restant dus et les intérêts courant du 1ᵉʳ avril
jusqu'au paiement?

Où donc M. le liquidateur a-t-il vu une dissolution de fait au
1ᵉʳ avril 1863?

Serait-ce parce que M. Legrand aurait ce jour-là donné congé des
locaux sociaux? Non, certes, il n'a pas même fait cet acte qui eût
pu révéler qu'il avait pensé que tout était rompu. M. le liquidateur porte, en effet, les loyers au passif social, et ces loyers courent
encore.

Serait-ce parce que ce jour-là, pour M. Legrand, est le dernier
dont il tienne compte dans ses livres?

Serait-ce parce que M. Legrand a, par suite, considérant la Société comme dissoute, et n'avoir plus de compte à rendre, omis de
tenir note des sommes qu'il encaissait comme gérant? telles, par
exemple, que 1,520 francs de M. Lemelle reçus au cours de juillet?

Mais alors, s'il en est ainsi, pourquoi consacrer le chapitre on-
zième au « *Matériel de M. Péchoin ?* » Pourquoi donner à ce chapitre

l'allure d'un rapport d'arbitre, cherchant à concilier les choses les plus inconciliables ? Pourquoi en faire le texte d'une discussion avec citations d'exploits et de constat pour arriver à conclure « *qu'il n'y a pas à s'en occuper ?* »

Ce chapitre, comme la *Comptabilité nouvelle*, était tout aussi inutile que le volumineux rapport de M. le liquidateur, qui aurait pu se réduire à *un simple Avenir* à la requête de M. Delacroix, ès-nom, donné à M. Legrand, l'assignant à comparaître devant MM. les présidentet juges composant le Tribunal de commerce de la Seine pour :

« Attendu que ledit M. Legrand n'a pas fourni au liquidateur les livres de la Société, mais seulement un extrait très-irrégulier, non coté, non parafé, écrit à la hâte, avec interversion de jours ; S'entendre condamner à remettre son livre-journal audit liquidateur dans les 24 heures du jugement à intervenir sous peine d'avoir à payer 100 fr. de dommages-intérêts par chaque jour de retard, et ce pendant un mois, pour après, ce délai passé, S'entendre condamner en tels dommages-intérêts que pourront requérir contre lui ses coassociés pour faute lourde et inaccomplissement des devoirs d'un gérant mandataire salarié ; S'entendre, en outre, condamner à verser aux mains du liquidateur le montant de son apport social qu'il a indûment retiré de la caisse sociale, ledit apport s'élevant à 40,000 francs, et devant former la garantie du paiement des dommages-intérêts à prononcer contre lui, ainsi qu'il est dit ci-dessus. »

Si M. le liquidateur eût agi ainsi, nous aurions les vrais livres, une liquidation moins difficile, moins fantaisiste que celle produite aujourd'hui ; et surtout moins coûteuse !

Sous le bénéfice de ces observations, M. Péchoin a l'honneur de persister dans les consclusions suivantes qu'il soumet avec confiance à la prudence éclairée de ses juges.

PÉCHOIN-BARADEZ,
Défendeur
et demandeur reconventionnel.

HENRI PORTALÈS,
Avocat à la Cour impériale.

CONCLUSIONS.

Plaise au Tribunal,

Attendu que, par jugement du Tribunal de commerce en date du 30 octobre 1863, la Société fondée à Saint-Denis le 19 mars 1862 entre MM. Legrand, Asselin fils et Péchoin, par acte sous seing privé, enregistré, pour la fabrication et la vente du savon dit des Syrènes, sous la raison sociale Legrand et Cⁱᵉ, a été déclarée nulle pour inobservation des formalités exigées par la loi, mais que le Tribunal, a, par le même jugement ayant acquis l'autorité de la chose jugée, reconnu l'existence d'une Société de fait entre Legrand, Péchoin et Asselin, et nommé M. Delacroix pour en faire la liquidation d'office ;

Attendu que le 19 mars 1862 M. Legrand, agissant comme gérant de ladite Société, a acheté de fait, pour compte de la Société, de M. Péchoin ancien fabricant de savons tous les séchoirs existants dans sa fabrique, deux grands rabots, quatre poches à couler, un bain-marie, des verrières et petit bureau, un fourneau-poêle, une presse (syrène), un bureau, deux chaudières montées, une petite chaudière en fonte, deux capsules en fonte, deux tables, deux bascules à poids, une balance en cuivre, un mortier et son pilon, quatre petites formes, huit seaux en tole un poêle et outils d'ateliers, un diable, une chaudière en tôle, une chaudière en fonte, vingt-trois formes, une bâche en tôle, planchettes, trois chariots à moules, deux poulains, trois échelles, deux brouettes, une meule, un établi, deux caisses, une pompe à huile, une poche en cuivre, une chaudière à vapeur de mille kilos et son agitateur, une chaudière à vapeur de cinq cents kilos, une chaudière ordinaire de cinq cents kilos, une autre chaudière ordinaire de mille kilos, trois chaudières chacune de trois cents kilos, un réservoir en tôle, deux tables, et les barreauxgrilles et portières des chaudières ;

Attendu que ladite vente était faite moyennant une somme de cinq mille francs, sur laquelle M. Péchoin ne reçut comptant que quinze cents francs;

Attendu, qu'il était convenu que cette vente serait résiliée de plein droit entre les parties, dans le cas où la Société Legrand et Cie viendrait à se dissoudre à la fin de la première année, c'est-à-dire au 1er avril 1863;

Mais attendu que ce n'est qu'à la date du 23 octobre 1863 que MM. Legrand et Asselin provoquèrent la dissolution de la Société, laquelle fut prononcée le 30 octobre 1863; que, dès lors, M. Péchoin avait droit au paiement du prix stipulé par la convention du 19 mars 1862, intervenue entre lui et M. Legrand, agissant comme gérant de la Société Legrand et Cie;

Attendu que M. Delacroix, liquidateur, a clos son compte de liquidation, le 24 août 1864, sans avoir payé à M. Péchoin les 3,500 francs qui lui étaient dus:

Attendu que c'est à tort, et en préjugeant une question de fait et de droit, qu'il n'était pas de son mandat de préjuger que M. Delacroix a refusé de payer à M. Péchoin les 3,500 francs dont s'agit;

Qu'en vain M. Delacroix, ès-nom, prétendrait que, par exploit de Chapelle, huissier à Paris, en date du 17 mars 1863, à la requête de M. Legrand, comme gérant, il a été dit et déclaré à M. Péchoin que ledit sieur Legrand entendait, avant la fin de mars 1863, procéder à l'inventaire qui devait avoir lieu à cette époque, et que si l'inventaire dont s'agit ne présentait pas un chiffre de bénéfice net de 6,000 francs depuis le 1er avril 1862, le sieur Legrand provoquerait la dissolution immédiate et la liquidation de la Société Legrand et Cie;

Que par cet exploit, M. Legrand déclarait à M. Péchoin que cette signification était faite pour qu'il se tînt pour bien et dûment averti, et eût à prendre telle mesure qu'il jugerait convenable et, sous toute réserve ;

Que le 2 avril 1863, à la requête de MM. Legrand et Asselin, il a été dressé par Chauvin, huissier à Saint-Denis, un procès-verbal de constat de toutes les marchandises se trouvant à Saint-Denis, rue des Poissonniers, n° 3, domicile social ;

Attendu que ce procès-verbal, ainsi que le reconnaît le liquidateur, « ne renseigne pas la valeur des matières premières et mar-« chandises qui y sont comprises, et que, lors même qu'il contien-« drait cette indication, il était susceptible de contestation, et ne « pouvait, en aucun cas, remplacer l'inventaire général de l'actif et « du passif de ladite Société, pour prouver qu'elle avait ou non, au « 1er avril 1863, réalisé un bénéfice net de 6,000 francs pour la « première année d'existence, et que certainement à cette époque, « et dans cet état de choses, la question de savoir si le matériel de « M. Péchoin appartenait ou n'appartenait pas à la Société Legrand « et Cie aurait pu présenter quelque incertitude ; »

Attendu que M. Péchoin n'était même pas présent au procès-verbal sus-énoncé ;

Attendu que M. Péchoin a toujours prétendu que son compte devait être crédité de 5,000 francs et débité de 1,500, la Société Legrand et Cie n'ayant pas été dissoute le 1er avril 1863 ; attendu que, dès lors, on ne saurait dire qu'il n'a fait aucune réserve à cet égard, qu'il résulte même le contraire des énonciations du rapport du liquidateur au chapitre 11, intitulé précisément *matériel de M. Péchoin*, et dans lequel le liquidateur a cru devoir discuter la prétention de M. Péchoin ;

Attendu que le liquidateur prétendrait en vain qu'il résulte de son travail que la Société Legrand et Cie était en perte de plus de 6,000 fr. ;

Attendu, en effet, que son travail ne saurait être opposé à M. Péchoin comme étant l'état fidèle de la situation vraie de la Société ;

Attendu, en effet, que le liquidateur au chapitre IV de son rapport, intitulé, *État de la comptabilité*, est obligé de déclarer « que lors-

« qu'il a pris possession de la liquidation de la Société, il n'a trou-
« vé ni journal, ni grand-livre, mais seulement un livre de caisse
« fort irrégulier, un copie de lettres, un registre de sortie de mar-
« chandises et un petit-livre de M. Asselin fils; qu'avec ces pièces
« il lui était impossible d'établir une situation, de connaître les dé-
« biteurs et créditeurs , par conséquent les bénéfices et les pertes
« de la Société; »

Que s'il en était ainsi au 30 octobre 1863, à plus forte raison la
même justification n'avait pu être faite au 1er avril précédent, époque à laquelle M. Legraud eût dû justifier par ses livres d'une perte
de 6,000 francs, ce qu'il s'est refusé à faire; Que , dès lors, M. Péchoin est en droit de se prévaloir de ce que la dissolution n'a de date
que du 26 octobre 1864, jour de la demande à fin de liquidation ;

Attendu, en ce qui touche la demande de M. Delacroix ès-nom et de
M. Legrand, ex-gérant, tendant à l'homologation du compte liquidatif
du 24 août 1864, que d'après les conventions intervenues entre les
parties, par acte sous seing privé du 19 mars 1862, enregistré, M.
Legrand était le gérant de la Société , spécialement chargé de la tenue des livres que la loi exige de tout commerçant, qu'il recevait par
prélèvement et hors part, 2,000 francs d'indemnité annuelle, ce qui
le constituait mandataire salarié de la Société; qu'il a en effet tenu
des livres, mais que loin de les produire, ainsi qu'il eût dû le faire
le 1er avril 1863, et surtout le 30 octobre 1863, il s'est contenté de
produire ce livre de caisse fait après coup que le liquidateur qualifie de fort irrégulier, un copie de lettres non moins irrégulier,
un livre de sortie de marchandises entaché des plus graves irrégularités;

En ce qui concerne le prétendu livre de caisse :

Attendu que ce n'est qu'un relevé incomplet, fait à la hâte, d'un
seul trait, dans lequel l'ordre des jours n'est pas même observé, et
rempli d'erreurs telles que, par exemple, sur le compte de M. Lemelle que l'on a pu contrôler par les livres de M. Lemelle une

quittance de 760 fr. pour facture du 17 juin 1863, et une quittance
pour facture du 23 juillet suivant, soit 1,520 fr., n'étaient pas portées
sur le livre de caisse qu'on oppose à M. Péchoin ; que des erreurs
semblables existaient au profit du gérant, agent comptable, mandataire salarié de la Société ; qu'ainsi 313 fr. 50 c. payés par MM. Legros et Wiart, 166 fr. 25 c. payés par M. Daix, 7 fr. 90 payés par
M. Jourdain, 543 fr. 75 payés par M. Poitevin à Louviers, 193 fr.
80 c. payés par M. Dumenil, etc., etc., ne figurent pas sur les livres de
fantaisie présentés aux lieu et place du livre-journal que M. Legrand
ne juge pas à propos de produire ; qu'outre, les 1,520 fr des factures
de M. Lemelle omis les 17 juin et 23 juillet, on trouve 50 fr. 47 c.
portés en moins à son débit ;

Attendu que si ces erreurs graves ont pu être rectifiées, lorsque,
sur la demande de M. Péchoin et sur ses indications, le liquidateur a
écrit à divers correspondants pour obtenir le relevé des affaires qu'ils
ont faites avec la Société Legrand et Cie, cela ne saurait couvrir l'irrégularité des livres que pour partie ;

Attendu, d'autre part, qu'en vain on opposerait à M. Péchoin l'at-
titude de M. Asselin fils acceptant tour à tour, sans aucune réserve,
d'abord le compte de M. Legrand, d'après lequel il n'était débiteur
que d'une somme sans importance envers la Société, puis celui dressé
par le liquidateur qui le déclare débiteur de 6,087 fr. 30 c. et déclare, par contre, M. Péchoin débiteur de 7,819 fr. au profit de
M. Legrand ;

Qu'en effet, il faut remarquer que M. Asselin père, que nous
voyons figurer dans le rapport comme voyageant pour le compte de
la Société, occupe aujourd'hui partie des locaux composant autre-
fois le siége de la Société Legrand et Cie, et y fabrique des savons, utilisant ainsi à son profit, et, par suite, au profit même
d'Asselin, son fils, et de Legrand, son beau-frère, la clientèle de la
Société ; que ce rapprochement étrange enlève à l'acquiescement
de M. Asselin fils pour le moins une partie de sa valeur ;

Qu'il résulte des travaux même du liquidateur que M. Legrand,

après avoir, en qualité de gérant, acheté, par l'intermédiaire de
M. Asselin père, pour le compte de la Société, des matières premières sur lesquelles il lui donnait une prime, lui revendait ensuite ces mêmes matières premières à un prix inférieur à celui
d'achat, ce qui constitue tout au moins un acte de mauvaise administration, qu'aggrave cette considération que M. Asselin est coté
débiteur envers la Société, d'après le relevé dressé par M. le liquidateur (lequel, vu l'état des documents, n'est qu'approximatif), d'une
somme de 8,934 fr. 70 c., pour laquelle il n'avait même pas été
exigé de billets! et dont il ne payait même pas les intérêts, ce qui
permet de craindre qu'il n'y ait eu communauté d'intérêt entre
MM. Asselin père et fils et Legrand, et qu'ils n'étaient pas seulement
unis par les liens de la parenté la plus proche ;

Attendu que de tels faits entachent l'administration de M. Legrand
et constitueraient à eux seuls une source de préjudice permettant à
M. Péchoin de lui opposer sa mauvaise gestion, et motiveraient sa
résistance à prendre part au paiement des pertes qu'elle a occa-
sionnées ;

Mais attendu que M. Asselin père, et sans que le gérant ait jamais
protesté contre de tels abus, ayant été mis en rapport avec la clientèle
apportée par M. Péchoin à la Société, chargé par Legrand et Asselin
fils de voyager pour le compte de la Société et de placer les produits
de la fabrication des Savons des Syrènes, ces placements étaient faits
sous le nom de M. Asselin père, qui disposait sur les correspondants, et encaissait d'eux directement sans faire connaître (ainsi
que le constate le liquidateur au chapitre 14e de son rapport) la
Société Legrand et Cie, au nom de laquelle il agissait; que c'est
ainsi que M. Fousset, à Orléans, a traité avec M. Asselin père, sans
que celui-ci ait fait connaître la Société Legrand et Cie; qu'il a fait
avec lui deux affaires, montant à 780 fr., tandis qu'une seule figure
sur le prétendu livre de caisse pour 323 fr. seulement; que
M. Taillefer, à Laigle, a traité avec M. Asselin père deux affaires

pour 449 fr. 95 cent., et que le livre de caisse ne porte qu'une seule affaire de 33 fr. 95 cent.;

Attendu que des erreurs d'une nature plus grave ont été constatées par le liquidateur; qu'ainsi Daudier père et fils ont acheté pour 115 fr. d'oléine à Asselin père. et les livres ne portent que 64 fr. 05 cent.; que Colombelle, à Mazaucet, a réglé avec M. Asselin père 41 fr. 85 cent., dont on l'a laissé débiteur sur le livre de marchandises, etc., etc.;

Attendu que, si le liquidateur a tenu compte des erreurs d'une nature aussi grave, quand elles lui ont été signalées, et en a constitué, dans son rapport, débiteur Asselin père, Asselin fils ou Legrand, suivant que l'un ou l'autre en acceptaient la responsabilité, il n'en pas moins vrai que M. Péchoin est fondé à dire que, s'il est solidaire des dettes réclamées par des tiers, il ne saurait être tenu de participer aux prétendues dettes de la Société quand il s'agit de régler les intérêts des associés entre eux; que ces dettes, si tant est qu'elles soient sincères, sont dues à la mauvaise gestion de Legrand, gérant salarié; que surtout elles ne sont établies que d'après des documents irréguliers, et que rien, dès lors, ne permet d'admettre, contre M. Péchoin, et au profit de Legrand, que le compte du liquidateur est l'expression de la situation vraie;

Attendu, enfin, que les livres ou documents dérisoires fournis par M. Legrand, ne mentionnent même pas quel a été le chiffre réel des sommes qu'il a versées dans la Société; que le liquidateur a trouvé la caisse vide, bien que cependant il eût dû y avoir, dans la caisse, une somme égale à la différence de la perte à l'encaisse provenant des ventes et de sa mise de fonds; que M. Legrand, en retirant ainsi au fur et mesure des rentrées des sommes qui devaient figurer à l'état de roulement, a causé à ses associés un préjudice réel, puisqu'il empêchait ainsi la Société de prendre l'extension que ses capitaux devaient lui assurer;

Attendu, dès lors, que si les livres-produits n'établissent pas d'une façon suffisante l'état vrai de la Société, M. Legrand ne peut s'en prendre qu'à lui-même ;

Dire et ordonner que M. Legrand sera tenu de produire les livres à l'aide desquels il a rédigé si à la hâte, et d'une manière si irrégulière le prétendu livre de caisse remis par lui au liquidateur, ou que faute par lui de le faire, il sera débouté de sa demande contre M. Péchoin en paiement du tiers des prétendues pertes éprouvées par la Société de fait Legrand et Cie ;

Dire et ordonner que le liquidateur ès-nom, et jusqu'à concurrencé des deniers qu'il a en caisse, et Legrand, pour le surplus, seront tenus de payer à Péchoin les trois mille cinq cent fr. qui lui sont dus pour matériel vendu le 19 mars 1862 à Legrand ès-nom ;

Dire et ordonner qu'attendu que M. Péchoin a éprouvé par la perte de sa clientèle, la divulgation de ses procédés de fabrication et la mauvaise gestion de M. Legrand, un préjudice dont il lui est dû réparation, M. Legrand sera tenu de payer à M. Péchoin 10,000 fr. de dommages-intérêts, sans préjudice de tout ce qui pourrait être dû par l'ex-Société à des tiers, entre autres au liquidateur, pour honoraires, et, pour loyers échus, au propriétaire du siége social ;

Condamner MM. Delacroix ès-nom et Legrand en tous les frais et dépens ;

Sous toutes réserves pour M. Péchoin de discuter le rapport du liquidateur dans le cas ou, contrairement à sa légitime espérance, le Tribunal croirait devoir rejeter les exceptions ci dessus ;

Et ce sera justice.

L. MEIGNEN,
*Agréé près le Tribunal
de commerce de la Seine.*

PÉCHOIN-BARADEZ.